Reciprocidad

Reciprocidad

Serie Vida Sexual con Valores
Grado 3

Rocío Cartagena Garcés

www.librosenred.com

Dirección General: Marcelo Perazolo
Ilustraciones: Victoria Vidal y Gricelio Martin
Diseño de cubierta: Patricio Olivera

Está prohibida la reproducción total o parcial de este libro, su tratamiento informático, la transmisión de cualquier forma o de cualquier medio, ya sea electrónico, mecánico, por fotocopia, registro u otros métodos, sin el permiso previo escrito de los titulares del Copyright.

Primera edición en español - Impresión bajo demanda

© LibrosEnRed, 2022
Una marca registrada de Amertown International S.A.

ISBN: 978-1-62915-510-4

Para encargar más copias de este libro o conocer otros libros de esta colección visite www.librosenred.com

Naces de la sexualidad, creces y te desarrollas por la energía vital que de ella tomas; su fuerza creadora te conduce más allá de donde te es posible esparcir tus semillas y ser responsable por ellas; y mueres, cuando esa energía vital trasciende y abandona tu cuerpo.

Requerimientos para iniciar este taller

Queridos alumnos y apreciados padres del grado 3:

Felicitaciones sinceras si tuvieron la afortunada experiencia de confrontar algunas de sus naturales curiosidades infantiles con la propuesta desarrollada para tal fin en los talleres desde grado 0 hasta grado 5 de esta serie "Vida Sexual con Valores", que idealmente debieron entender.

Debió ser una experiencia afortunada en el sentido de haberles sido oportuna para el momento que viven y también por haberles entregado mensajes y respuestas que corresponden a algunas de las inquietudes propias de su evolución personal y edad. El conocimiento y valoración de la vida sexual humana, como prodigio sin igual en la naturaleza en tanto constituye el origen de la vida misma, debe iniciarse a la par con las curiosidades infantiles y sobre la base de conocer y valorar el cuerpo como centro de ella. Para aprovechar y usar bien su cuerpo, herencia de lo sexual que comunica la vida valiéndose de los procesos de crecimiento, desarrollo, maduración y reproducción, deben saber quiénes son, de dónde vienen y su razón de ser en el mundo. Es decir, deben descubrir el propósito por el cual cada uno de ustedes fue llamado a vivir en este planeta y asumirlo como la misión a cumplir para encontrarle sentido a su existencia.

Dado que existe la posibilidad de que haya alumnos y alumnas vinculándose a la institución escolar sin haber cumplido una o varias etapas de este proceso orientador, esta sección contiene la lista de los cinco aspectos o temas esenciales de cada grado anterior, a efectos de pactar entre docente y familia su refuerzo y evaluación antes de iniciar el presente grado, para permitir secuencialidad y mayor comprensión a quienes no hayan tenido acceso al aprendizaje previo. Este refuerzo debe ser acompañado con otras actividades complementarias que sirvan de apoyo al proceso de la orientación sexual, en el que es primordial fundamentar valores.

Aspectos o temas esenciales del taller grado 0
Identidad

- Mi quehacer como hijo, alumno y ciudadano, porque contiene la guía de lo que mínimamente debe hacer cada ser humano para vivir en armonía consigo mismo, con la familia, con la sociedad y con la naturaleza.
- La valoración del origen divino como fuente de los dones especiales recibidos (vida y cuerpo) y, con ellos, el reconocimiento de la igualdad en la dignidad de todos los seres humanos y su trascendencia en el cumplimiento de su misión a través del uso adecuado del cuerpo y de los dones de la inteligencia, la voluntad y el amor y de los demás atributos que de ellos se derivan.
- La interiorización de la identidad personal sobre la base de la aceptación de quiénes somos y cómo somos, el reconocimiento y construcción de valores y el desarrollo de los talentos que nos permiten vivir en sociedad y ser útiles dentro de ella.
- La toma de conciencia acerca del significado del cuerpo como máximo don personal y su cuidado, respeto y protección, aplicando en todo momento y lugar las pautas establecidas para tal fin.
- El reconocimiento del proceso de nacimiento, crecimiento y desarrollo de la vida humana intrauterina y en especial su concepción, como acuerdo previo entre dos: sus potenciales padre - madre.

Aspectos o temas esenciales del taller grado 1
Reconocimiento

- El auto reconocimiento como seres únicos e irrepetibles en lo humano y, por lo tanto, diferentes de todos los demás.
- La validación y respeto de las diferencias e individualidades de los demás, porque también los otros son únicos e irrepetibles.
- La aceptación de que el cuerpo recibido es perfecto para cumplir una misión y que cada quien viene a cumplir una misión diferente.
- La comprensión de los procesos de crecimiento y desarrollo que conducen a convertir a las personas en adultas y la importancia de la colaboración en el bienestar familiar, que es primordial para formarse en voluntad o querer hacer por convicción, solidaridad, responsabilidad y sentido de pertenencia, tan esenciales para el éxito de nuestra vida en sociedad y de pareja en el futuro.
- El reconocimiento de la importancia de trabajar en forma permanente por el cuidado, respeto, protección y valoración del cuerpo como el mayor tesoro y único medio físico posible para preservar la vida y poder cumplir una misión.

Aspectos o temas esenciales del taller grado 2
Tolerancia

- La identificación de la tolerancia como consecuencia de reconocer y valorar las diferencias y en virtud de eso respetarnos para vivir en armonía.
- La apropiación del cuidado del cuerpo, vital para ayudar a conservar la salud y mejorar la autoestima.
- El reconocimiento de los logros personales como consecuencia de poner en acción el cuerpo, usando inteligentemente las potencialidades y dones o talentos recibidos.
- La aceptación de la importancia de la familia y de la institución escolar como entes formadores y reforzadores de valores esenciales para vivir en sociedad.
- La validación de las emociones y sentimientos como formas de expresión humanas componentes de la personalidad, su identificación como parte de los estados de ánimo y la importancia de regularlos con el fin de no ser víctimas de ellos actuando apresuradamente.

Quienes por alguna razón no vivieron la experiencia de tal confrontación y aprendizaje, tanto padres como hijos - alumnos, quedan invitados, pero a su vez comprometidos, a buscar de común acuerdo con el docente los mecanismos apropiados para salvar este vacío de la mejor forma posible, de tal modo que el ciclo de orientación sexual inicie como debe ser: por el principio y respondiendo debidamente a las preguntas que fueron de mayor curiosidad e interés.

Justificación taller grado 3

¿Cómo ser recíproco o cómo aprender a entablar relaciones de correspondencia con nuestros amigos, compañeros, asociados, colegas y futura pareja si no aprendimos a ser honestos, transparentes y sinceros en nuestras relaciones familiares y estudiantiles?

Saber quiénes somos, cómo son los demás y ser tolerantes, constituye para los niños y niñas el primer elemento esencial que les facilita establecer adecuadas relaciones interpersonales que les permite vivir en sociedad, pero con la práctica y aprendizaje de nuevas experiencias de convivencia cada vez más maduras, los niños y las niñas pueden establecer relaciones personalizadas en forma cada vez más eficaz, hasta trascender el plano de las diferencias. Al entender que éstas, al no irse en contra de sus individualidades, les permite complementarse, darán el paso al establecimiento de relaciones recíprocas en las que dar es tan importante como recibir.

La reciprocidad en las relaciones humanas encierra el valor que le reconocemos a los actos o expresiones solidarias y afectuosas con las cuales los demás manifiestan lo que sienten por nosotros, pero a su vez encierra la propia capacidad que poseemos para corresponderles, expresando también lo que sentimos por ellos o, en su defecto, respetarlos y agradecerles en un acto sincero.

¿Cuál es el papel de padres y maestros en el proceso de ayudar al niño y a la niña a superar el plano de las diferencias y encaminarlos hacia un adecuado establecimiento de relaciones interpersonales, personalizadas y recíprocas o de correspondencia?

El primer paso es entender que no formamos niños y niñas para nosotros mismos sino para que cumplan una función dentro de la sociedad y que ayudarles a recorrer el camino en forma exitosa hacia su autonomía y realización de sus sueños debe ser motivo de satisfacción para cada padre, madre o maestro. En concordancia con esto debemos: (1) practicar el diálogo en todos los niveles de la vida familiar y escolar y escuchar los puntos de vista de todos e incluso de los más pequeños porque ellos también tienen algo que decir, (2) ser sinceros con nosotros mismos para ser congruentes tanto en lo que decimos como en las manifestaciones de afecto y practicar la honestidad en todo lo que sea posible y (3) retribuir desde un saludo hasta las manifestaciones más sencillas de afecto y los detalles, así sea con un agradecimiento, un abrazo, un beso o un sincero apretón de manos si no son posibles otras alternativas similares a lo recibido, que sería lo ideal.

Al educando le debe quedar bien claro que la vida es un continuo dar y recibir y que de este equilibrio depende el éxito de las relaciones humanas.

Malla curricular

Período 1

Competencias (Ser-Saber-Hacer)	Logros	Contenidos Establezco relaciones de correspondencia
Practica relaciones de correspondencia Deduce que la honestidad es la base de las relaciones recíprocas	Descubro en qué consiste la reciprocidad, o correspondencia, y la importancia que ésta tiene para cimentar relaciones honestas, tanto de amistad, de trabajo, de diversión, como de pareja en el futuro	Qué entender por reciprocidad
Entiende que debe ser recíproco u honesto en la expresión de sentimientos	Deduzco que la reciprocidad es una puerta abierta al mundo y que, mediante mi comunicación e interacción con él, siento y expreso las emociones y sentimientos que me despierta	La reciprocidad es una puerta abierta al mundo
Descubre la importancia de la reciprocidad en todos los aspectos de su vida	Descubro que mediante mis potencialidades, habilidades o talentos recibidos puedo contactar, intervenir y transformar el mundo en un acto recíproco	Puedo transformar el mundo siendo recíproco

Período 2

Competencias (Ser-Saber-Hacer)	Logros	Contenidos Establezco relaciones de correspondencia
Deduce que la reciprocidad es la base de la armonía familiar	Indago si las relaciones de mis padres son recíprocas en la expresión de ternura, comprensión, respeto, emociones y sentimientos	La reciprocidad en la relación de pareja de mis padres
Comprende que también podemos ser recíprocos en la expresión de emociones y sentimientos	Expreso mediante dibujos y escritos lo que sentimos en mi familia cuando hay motivo de alegrías y tristezas	Reciprocidad de sentimientos en familia
Reconoce que cuando hay reciprocidad de sentimientos las crisis se convierten en oportunidad de mejorar la convivencia	Reconozco que en la familia ocurren momentos difíciles o crisis que pueden concluir en duelos, separaciones, nuevas uniones, adopciones, llegada de nuevos hermanos, entre otros eventos, que bien manejados pueden convertirse en espacios de reflexión, unión y fortaleza familiar	La oportunidad implícita en las crisis familiares

Período 3

Competencias (Ser-Saber-Hacer)	Logros	Contenidos Establezco relaciones de correspondencia
Deduce que hay personas con quienes puede darse mayor compatibilidad en las relaciones recíprocas	Expreso las experiencias producto de compartir actividades con compañeros de igual y diferente género: juegos, bailes, deportes, obras de teatro y musicales, entre otras	La reciprocidad en las actividades colectivas
Propone actividades que mejoran las relaciones de correspondencia entre los diferentes grupos de edad	Propongo mecanismos para fortalecer la reciprocidad entre: adulto-adulto, adulto-niño, adulto-joven, joven-joven, niño-joven y niño-niño, sobre la base del respeto y el reconocimiento de la igualdad	La reciproci–dad entre personas de diferentes edades
Detecta las formas de reciprocidad en los hechos de la vida diaria	Dedico tiempo libre a detectar y reflexionar acerca de la reciprocidad existente en las relaciones que dramatizan personajes de una historia ficticia	Identifico relaciones de reciprocidad en las historias humanas

Período 4

Competencias (Ser-Saber-Hacer)	Logros	Contenidos Establezco relaciones de correspondencia
Representa los diferentes aspectos de las relaciones recíprocas	Busco historias de vida, o las imagino y escribo, en las cuales se presenten relaciones recíprocas de amistad, amor, familiares, laborales y estudiantiles	Debo ayudar a mejorar las relaciones de reciprocidad
Identifica los hechos que atentan contra las relaciones recíprocas	Identifico las actitudes y comportamientos negativos que afectan las relaciones de reciprocidad o correspondencia	Reciprocidad versus Deshonestidad
Se reconoce honesto (a) en las relaciones personales	Evalúo mis avances en el área, realizando la sopa de letras propuesta	Evaluación del taller
		Reflexión final

Logros

1. Leo y comprendo el contenido de la carta a los estudiantes y realizo las actividades propuestas, con la ayuda de mis padres o sustitutos y docente.

2. Leo, analizo y comento el mensaje sobre mi quehacer como hijo (a), estudiante y ciudadano (a), haciendo especial énfasis en el numeral 2.
3. Retroalimento los contenidos del taller grado 2 y confronto mis respuestas.
4. Descubro en qué consiste la reciprocidad, o correspondencia, y la importancia que ésta tiene para cimentar relaciones honestas, tanto de amistad, de trabajo, de diversión, como de pareja en el futuro
5. Deduzco que la reciprocidad es una puerta abierta al mundo y que mediante mi comunicación e interacción con él, siento y expreso las emociones y sentimientos que me despierta.
6. Descubro que mediante mis potencialidades, habilidades o talentos recibidos puedo contactar, intervenir y transformar el mundo en un acto recíproco.
7. Indago si las relaciones de mis padres son recíprocas en la expresión de ternura, comprensión, respeto, emociones y sentimientos.
8. Expreso mediante dibujos y escritos lo que sentimos en mi familia cuando hay motivo de alegrías y tristezas.
9. Reconozco que en la familia ocurren momentos difíciles o crisis que pueden concluir en duelos, separaciones, nuevas uniones, adopciones, llegada de nuevos hermanos, entre otros eventos, que bien manejados pueden convertirse en espacios de reflexión, unión y fortaleza familiar.
10. Expreso las experiencias producto de compartir actividades con compañeros de igual y diferente género: juegos, bailes, deportes, obras de teatro y musicales, entre otras.
11. Propongo mecanismos para fortalecer la reciprocidad en las relaciones entre: adulto-adulto, adulto-niño, adulto-joven, joven-joven, niño-joven y niño-niño, sobre la base del respeto y el reconocimiento de la igualdad.

12. Dedico tiempo libre a detectar y reflexionar acerca de la reciprocidad existente en las relaciones que dramatizan personajes de una historia ficticia.
13. Busco historias de vida, o las imagino y escribo, en las cuales se presenten relaciones recíprocas de amistad, amor, familiares, laborales y estudiantiles.
14. Identifico las actitudes y comportamientos negativos que afectan las relaciones de reciprocidad o correspondencia.
15. Evalúo mis avances en el área, realizando la sopa de letras propuesta

Metodología

A través del educador sexual o del docente con función de orientador o, en su defecto, a través del director de grupo, en una reunión mensual de una hora (o más de ser posible) que podría realizarse en el horario correspondiente a la clase semanal de educación sexual, la institución escolar presentará a los padres de familia el derrotero de las tres clases restantes del mes, a efectos de:

Sensibilizarlos en cuanto a actitudes y comportamientos deseables como padres con el fin de evitar contradicción entre ellos y la institución escolar.

Analizar con ellos la problemática que surja en torno a los temas propuestos para que las clases se puedan abordar con unidad de criterio.

Aclararles dudas sobre procedimientos y escuchar sus sugerencias, pero sobre todo motivarlos a abordar al niño, niña y adolescente con la verdad, entendiendo y aceptando que los padres NO SOMOS DIOSES sino seres humanos y que es preciso reunir el valor suficiente para enfrentar la verdad en temas sensibles como la concepción, el nacimiento, la ausencia de un padre y del apellido de este, la adopción, entre otros. Si reconocemos y asumimos nuestro derecho a equivocarnos y a cometer errores, evitaremos que en el futuro caiga la "máscara de santidad" que hemos llevado ante nuestros hijos y que con ella se vaya la confianza, el respeto y la credibilidad que hemos pretendido mostrar como modelos dignos de imitar o como ejemplo de autoridad moral.

Estas reuniones son muy necesarias especialmente desde preescolar hasta grado 9 de educación básica pues se trata de grados en los que se abordan los temas más álgidos de la vida sexual. Además, tales reuniones representan una oportunidad que los padres deben aprovechar para que, por lo menos con su disposición y buena actitud, apoyen este proceso que, quiérase o no, es necesario abordar por el bien de los (las) niños (as), los adolescentes y por ende de las generaciones futuras.

El hecho de sugerir especial acompañamiento hasta el grado 9º no significa que los padres deban abandonar el proceso allí. Continuar hasta grado 11 es conveniente porque sus hijos, adolescentes todavía, siguen siendo sus protegidos y porque los padres recibirán elementos valiosos que les permitirá evaluarse como tales y revisar incluso sus propias relaciones de pareja.

Procedimiento

Desde grado 0 hasta grado 3:
Desde preescolar hasta cuando el (la) niño (a) domine la lectura y la escritura, en el grado 3 aproximadamente, en forma posterior a la etapa de orientación del tema por parte del

docente, se recomienda que sean los padres o sustitutos o cuidadores quienes lean y motiven una nueva reflexión por parte del niño (a) o estimulen, por medio de preguntas, la narración de lo aprendido en la escuela. Una vez captada la atención y verificado el estado del aprendizaje, deben aclararle algún aspecto que se considere necesario. Finalmente, hacerle las preguntas propuestas en el taller y **trascribirle** las respuestas tal como el (la) niño (a) las comprendió y expresó, sin hacerle cuestionamientos que lo desmotiven e incomoden. Cuando por alguna razón los padres o sustitutos no puedan hacer este acompañamiento, se recomienda delegarlo en una persona de su entera confianza con quien también el (la) niño (a) se sienta a gusto. Lo esencial es: no dejarlos solos frente a este proceso, generarles confianza y permitirles que posteriormente se enfrenten a su propio nivel evolutivo en la medida en que sus cuerpos se desarrollan y sus percepciones e ideas maduran. En algunos ejercicios en los que las respuestas son específicas, el (la) profesor (a) debe estar especialmente atento (a) a que se consignen las respuestas correctas, a efectos de que los padres dispongan de una adecuada guía para sí mismos o para aclarar dudas a sus hijos en caso de ser necesario.

Desde grado 4 en adelante:

Superada la primera etapa de grado 0 a grado 3, según cada individualidad, acompañar a los hijos en las tareas hasta cuando los padres tengan plena confianza en la institución respecto del trabajo propuesto en los talleres o hasta cuando los (as) niños (as) lo soliciten o acepten, pues imponerles nuestra presencia a partir de que los niños hayan superado cierta edad, grado de madurez o independencia, es violatorio de su privacidad. Hay que permitir que el niño o niña comunique sólo lo que el grado de confianza que tiene en los padres le permita y continuar el acompañamiento al proceso desde la institución escolar pues este apoyo seguirá siendo crucial tanto para la institución, como para los estudiantes y para los padres de familia.

Vale la pena aclarar la idea final sobre la confianza que los padres de familia deben inspirar a sus hijos, por tratarse de algo tan fundamental no solo como mecanismo de protección de estos últimos, sino también como apoyo a la concertación entre todos. A este respecto es primordial que los padres se apoyen en el numeral 1.2 del libro *Orientación sexual desde el hogar y la escuela* (que forma parte de esta serie) sobre los valores del diálogo y el respeto como mecanismo para construir confianza y es muy prudente y conveniente que consideren también el grado de responsabilidad y respeto que demuestran como adultos porque con ello inciden significativamente en la formación de los hijos, al ser su ejemplo permanente.

Evaluación

A menos que se legisle algo diferente, la evaluación como elemento de cotejo de la superación de los logros propuestos y de validación de las competencias a desarrollar como consecuencia de ello, debe ser permanente y no limitarse a pruebas escritas, aunque también deba contenerlas. Toda acción que evidencie compromiso, responsabilidad y actitud positiva hacia la asignatura se constituye en elemento de evaluación. Esto incluye la presentación oportuna de trabajos de consulta, la participación en clase, el desarrollo de las propuestas del taller, la elaboración de carteles y carteleras, lo mismo que los cambios positivos en el comportamiento producto de la interiorización y vivencia de valores y contenidos, entre otros.

Simbolizar y/o representar por escrito el resultado de la evaluación o diagnóstico del nivel de logros alcanzados demostrables a través de competencias y traducirlo a una calificación expresada en números, letras o palabras, debe ser materia de discernimiento del consejo académico, quien decidirá también si una calificación insuficiente (I) en letras o su equivalente en número, es objeto o no de recuperación, nivelación o repetición de la asignatura o área. Repetir es lo deseable en caso tal para imprimirle importancia y seriedad a la asignatura. Queda aclarar que sin la asimilación de logros en las estructuras mentales no es posible el desarrollo de competencias o demostraciones visibles en la solución de problemas de la vida diaria, cuantificables a través de calificaciones o notas.

Observación:

Se pretende que los talleres de educación sexual, a diferencia de otros materiales educativos, se conviertan en objeto de reflexión permanente y personal que permitan la confrontación de ideas y posiciones según el grado de evolución - maduración de la niñez a la adultez. Por lo tanto, no están diseñados para ser reutilizables.

Es recomendable que a todo alumno que proceda de una institución escolar que no haya venido trabajando este proceso orientador, se le proporcionen las preguntas de recapitulación del grado o grados pendientes, para su consulta y sustentación, de modo que se ponga al día, aunque sea parcialmente, mientras el área toma cobertura a nivel nacional y, apoyada en ética y valores humanos, pase a ser amparada por la legislación que determina las áreas fundamentales.

1. Mensajes a los estudiantes

1.1 Carta a los estudiantes

LOGRO 1. Leo y comprendo el contenido de la carta a los estudiantes y realizo las actividades propuestas con la ayuda de mis padres o sustitutos y docente

Queridos niños, niñas y jóvenes estudiantes:

Ustedes son el presente y futuro de nuestro país. Son nuestro presente porque: sin ustedes, niños, niñas y jóvenes, la dura tarea por salir adelante y construir un mundo mejor perdería todo sentido para muchos seres humanos en el mundo. Por una vida más digna para ustedes es que han nacido las pequeñas y grandes empresas. Por ustedes, los obreros y campesinos venden su última gota diaria de sudor y le arrancan los frutos a la tierra. Son ustedes quienes a diario motivan la vida misma y encienden los ánimos que dan inicio a la tarea de muchos padres y madres de familia en procura de que no les falte alimento, vestido, vivienda, salud y educación, aunque para muchos de ellos su sobrehumano esfuerzo no sea suficiente para proporcionarles todo lo que les nace del corazón, o al menos lo que demanda el sentido común, o ni siquiera lo que exigen las mínimas condiciones de supervivencia.

Como motivadores del quehacer de sus padres y de todo lo que ello significa, están llamados a corresponder todo este esfuerzo, preparándose responsablemente para relevarnos a futuro en la tarea de construir una sociedad más incluyente, más equitativa, más justa, más cimentadora de valores y por tanto más respetuosa de los derechos humanos. Para no ser inferiores a la tarea de ser constructores de futuro, dado que de ustedes depende el futuro mismo, deben, cada uno en forma individual pero simultánea, emprender dos grandes tareas.

La primera gran tarea se refiere a tu período estudiantil y se trata de que comprendas y aceptes que asistes a una etapa de preparación, que es indispensable para poder enfrentar tu vida de adulto (a) con éxito, pero por sobre todo, con calidad humana. Ello implica que debes formarte o educarte integralmente, haciendo especial énfasis en el afianzamiento de valores como el respeto, la autoestima, el diálogo y la responsabilidad, garantes de otros valores y derechos, como aprender a respetarnos si todavía no hemos aprendido a dialogar. Sin embargo, para formarte en valores, es indispensable que ayudes a tus padres y profesores a cumplir con su difícil pero inherente tarea de formadores y en vista de ello, debes desarrollar dos actividades:

- La primera actividad, es estar muy atento (a) a todas las buenas acciones de padres y maestros y a todos sus buenos ejemplos, en procura de que los aprendas y los pongas en práctica: saludar, dar las gracias, compartir, cooperar, dialogar, tratar cordialmente a las personas, cumplir obligaciones y promesas, entre otros.
- La segunda actividad es valerte de un medio muy constructivo y eficaz para relacionarte con los adultos en los eventos difíciles y críticos con ellos. Cuando los comportamientos de tus padres y profesores lastimen tu amor propio o autoestima, o cuando hieran tu dignidad con gritos, palabras ofensivas u otros comportamientos inapropiados, que de hecho no debes imitar, haz lo siguiente: diles con ternura y con todo el respeto de que seas capaz, diles, repito,

cuánto han lastimado tu autoestima, lo mal que te han hecho sentir y cuánto han herido tus sentimientos. Para ello debes valerte de escritos, de mensajes tiernos en donde además les comuniques que los valoras y amas, y que les agradeces las cosas buenas que hacen por ti.

Las dificultades por las que atraviesan los (las) niños (as) y los (las) jóvenes, son experiencias que muchos adultos hemos olvidado. Por tanto, en procura de construir una sociedad más humana en donde se formen y se vivan los valores, es pertinente que con ternura y respeto nos lo recuerden, como una especial invitación a la reflexión y al diálogo.

La segunda gran tarea, es que practiques en todo momento y en todo lugar, todos los valores que vayas aprendiendo. Un significativo número de personas en el mundo eligen organizar su vida en pareja, una vez han llegado a la edad adulta y han definido por lo menos en parte su situación económica. Este espacio de convivencia, en donde con frecuencia hacen su entrada los hijos, es un espacio especial para practicar valores, como única forma que existe para aprenderlos e interiorizarlos. Si organizarte en pareja no llega ser tu caso, recuerda que, en cada persona mayor, no necesariamente adulta, hay un maestro, porque siempre habrá un niño (a) u otro alguien presto a imitarlo; es decir, siempre habrá alguien que siga tu ejemplo.

De lo anterior se deduce que: enseñar o emplear constructivamente lo que aprendas sobre la base de los valores humanos, es lo que te hará un (a) futuro (a) constructor (a) de un mundo mejor.

Reciprocidad. Serie Vida Sexual con Valores. Grado 3

Al presentarte la serie "Vida Sexual con Valores", pretendo que encuentres en ella, de manera progresiva y según tu grado de escolaridad, el verdadero sentido y alcance de tu vida sexual y los trascendentales valores y compromisos que ella encierra, para que apoyado (a) en la información, reflexiones y te prepares para vivirla plena pero responsablemente, seguro (a) de que de esta manera harás el más significativo aporte a la construcción de un mundo mejor. Espero desde el corazón que año tras año adquieras la serie, la revises periódicamente y confrontes tus respuestas, y que la cuides para que obtengas de ella el máximo provecho para ti y a favor de otros.

Actividad:

¿Por qué los niños, niñas y jóvenes somos el futuro del país?
Busca la respuesta correcta en las 4 alternativas siguientes y señálala con una "X"

☐ Porque sin nosotros no hay futuro para la humanidad
☐ Porque nosotros somos lo más importante del mundo
☐ Porque somos muy necesarios
☐ Porque nos tocará relevar o reemplazar en el futuro a los adultos de hoy

¿Cuáles son los 4 valores que hemos venido trabajando como valores fundamentales o de primer orden?

_____, _____,
_____ y _____

Colorea la secuencia de letras que contengan escritos estos cuatro valores. Cada uno está escrito dos veces y puedes hallarlos en dirección horizontal, vertical o diagonal, en secuencia normal o en forma inversa.

Reciprocidad. Serie Vida Sexual con Valores. Grado 3

R	E	S	P	E	T	O	X	R	A	U	M	Z	Y	A
C	E	T	Y	A	D	Z	C	H	Z	G	V	C	C	U
Z	X	S	E	I	O	P	K	X	L	A	X	V	B	T
D	R	S	P	U	P	Z	A	R	M	F	H	A	G	O
I	S	E	G	O	W	R	O	I	D	P	S	F	H	E
A	G	F	T	G	N	E	T	M	F	U	D	T	K	S
L	H	G	H	D	T	S	U	N	N	S	Y	H	P	T
O	J	J	O	N	E	P	A	B	P	I	O	O	Q	I
G	L	K	W	O	A	E	C	B	Y	P	W	R	A	M
O	C	O	T	R	S	T	G	F	I	A	H	T	S	A
Y	V	U	G	K	D	O	J	H	A	L	L	H	V	H
J	A	G	O	L	H	A	L	S	A	F	I	Z	H	J
G	D	Y	P	N	G	O	G	O	L	A	I	D	L	O
O	Y	I	I	W	H	S	V	N	O	P	P	S	A	U
R	E	S	P	O	N	S	A	B	I	L	I	D	A	D

43

1.2 Mi quehacer como hijo, estudiante y ciudadano

LOGRO *2. Leo, analizo y comento el mensaje sobre mi quehacer como hijo (a), estudiante y ciudadano (a), haciendo especial énfasis en el numeral 2*

Mis logros académicos o mis triunfos personales carecerán de sentido si no practico estas diez mínimas normas de convivencia.
- 1.2.1. Cuido, respeto y protejo mi cuerpo.
- **1.2.2. Respeto el cuerpo, las diferencias y las pertenencias ajenas.**
- 1.2.3. Cuido y hago uso adecuado de mis pertenencias, las cuales recibo del afecto y del esfuerzo de mis padres.
- 1.2.4. Reconozco y valoro los bienes colectivos y hago uso adecuado de ellos.
- 1.2.5. Consumo con gratitud y racionalidad los alimentos que mis padres me proporcionan con esfuerzo y amor.
- 1.2.6. Aprovecho responsablemente la oportunidad de estudiar que me brindan mis padres en aras del respeto a mi derecho fundamental a la educación.
- 1.2.7. Trato con respeto, amor y gratitud a mis padres y maestros.
- 1.2.8. Trato con respeto y consideración a todos los seres humanos en reconocimiento de su dignidad como personas.
- 1.2.9. Ayudo a la formación de mi responsabilidad cooperando con el bienestar de mi hogar y cumpliendo mis tareas y demás compromisos.
- 1.2.10. Cuido, respeto y protejo la naturaleza como único bien que garantiza la supervivencia de la raza humana.

Leo y comento el decálogo de mi quehacer como hijo, estudiante y ciudadano, haciendo especial énfasis en el numeral 2, el que transcribo y comento con un compañero (a).

Trascripción:

Comentario:

¿Qué aprendizaje especial me deja este mensaje para la vida diaria?

Autoevaluación

Reviso o evalúo mis logros en relación con mi quehacer como hijo, estudiante y ciudadano y los califico mediante una autoevaluación crítica y honesta, como D, I, A, B o E,[1] señalando con una "X" en la columna correspondiente, según la forma responsable o no, en que vengo practicando estas directrices. Antes de responder recuerdo o visualizo los momentos en los cuales los llevo a cabo.

Mi quehacer como hijo, estudiante y ciudadano	D	I	A	B	E
Cuido, respeto y protejo mi cuerpo					
Respeto el cuerpo, las diferencias y las pertenencias ajenas					
Cuido y hago uso adecuado de mis pertenencias, las cuales recibo del afecto y del esfuerzo de mis padres					
Reconozco y valoro los bienes colectivos y hago uso adecuado de ellos					
Consumo con gratitud y racionalidad los alimentos que mis padres me proporcionan con esfuerzo y amor					

---

[1] O su equivalente en el sistema de calificación que se emplea por el plantel educativo

Aprovecho responsablemente la oportunidad de estudio que me brindan mis padres en aras del respeto a mi derecho fundamental a la educación					
Trato con respeto, amor y gratitud a mis padres y maestros					
Trato con respeto y consideración a todos los seres humanos en reconocimiento de su dignidad como personas					
Ayudo a la formación de mi responsabilidad cooperando al bienestar de mi hogar y cumpliendo mis tareas y demás compromisos					
Cuido, respeto y protejo la naturaleza como único bien que garantiza la supervivencia de la raza humana					

D: Deficiente, I: Insuficiente, A: Aceptable, B: Bueno, E: Excelente

Si todos cumplimos adecuadamente estas diez pautas de convivencia tendremos un mundo mejor para vivir.

2. Refuerzo taller nº. 2

LOGRO 3. *Retroalimento los contenidos del taller grado 2 y confronto mis respuestas*

2.1. Leo los contenidos y mis respuestas relacionadas con el origen o causa de las diferencias entre los seres humanos (diferencias que validan mi singularidad) y me observo para descubrir si he tenido, aunque sea algún pequeño cambio respecto de mi observación anterior en el taller 2 y los escribo.

Completo ideas:
Siguiendo las lecturas asociadas al tema busco las palabras que completan la idea y las escribo en los espacios en blanco.

- La tolerancia se fundamenta en el _____ a las diferencias.
- Somos diferentes porque recibimos _____ herencia _____.
- La herencia _____ de nuestros padres estaba contenida en el _____ y _____ que al juntarse originaron nuestra _____
- Ningún ser humano _____ su pareja de padres, tampoco la apariencia _____, ni la capacidad _____
_____
- Nuestra dignidad se fundamenta en el sólo _____ de ser _____
- Ningún ser humano eligió el _____ para nacer, ni la riqueza, o _____, ni el _____ que lleva.
- Ni la apariencia _____, ni el grado de _____, deben ser objetos de _____ o vanagloria, ni de sentimientos de inferioridad o de culpa porque los obtuvimos como un regalo, luego no hemos sido auto creados.
- Reconozco, _____ y _____ las diferencias. Ellas me hacen _____ y _____.
- Enorgullécete sólo del _____ uso que hagas de tu _____ y sus _____, y de los _____ que hagas por mejorar los comportamientos molestos y _____.

2.2. Indago con mis compañeros (as) afines, cómo han percibido mi grado de tolerancia luego de haber entendido la causa de las diferentes maneras de ser, de pensar y de actuar entre los seres humanos y escribo sus conceptos.

2.3. Si me perciben poco tolerante porque aún no respeto lo suficiente las diferencias, me propongo una de las siguientes tareas para mejorar un poco:
- Intento ponerme en el lugar de la persona con quien soy poco tolerante, imaginando que yo soy ella, para entender qué siente frente a mi intolerancia.
- Busco y resalto las cualidades o talentos de esa misma persona y los escribo.
- Intento acercamientos de diálogo o le envío mensajes de disculpa.
- Reviso mis propias diferencias y mis comportamientos para descubrir si son también objeto o motivo de incomodidad o perturbación para otros. Escribo el resultado de esta experiencia.

2.4. Si según la opinión de al menos tres de mis compañeros he mejorado el respeto por las diferencias ajenas, escribo la palabra felicitaciones, pero estaré atento (a) para mejorar aún más.

2.5. Escribo, una vez más, las características que me hacen igual a los demás seres humanos y por lo tanto, sujeto de igual dignidad.

2.6. Busco una secuencia de imágenes o fotos de una misma persona, en las que se evidencie lo pasajero de la juventud y la belleza.

Reciprocidad. Serie Vida Sexual con Valores. Grado 3

Mejorando mi autoestima, mejoro el cuidado y el respeto por mi cuerpo y viceversa.

Asocio expresiones con ideas:
Coloco cada letra de la columna de la izquierda frente a la idea que complementa la expresión en la columna derecha.

Juventud	___ Aportar a otros según mis capacidades específicas o talentos
Belleza	___ Habilidad especial para realizar una tarea o acción
Igualdad	___ Entender y aceptar las diferencias del otro y respetarlas
Diferencias	___ Etapa de la vida de mayor dinamismo y vitalidad
Complementar	___ Características físicas y de personalidad que me hacen diferente de los demás
Valor	___ Hermosura. Es pasajera en lo físico y relativa según los diferentes gustos
Talento	___ Derecho, o características, o atributos que me hacen similar o parecido a otros
Tolerar	___ Papel o tarea que cumplimos en virtud de una función que desempeñamos dentro de un grupo
Cambios notorios	___ Virtud o actitud interna positiva que me hace mejor persona
Roles	___ Variación bastante notable en el comportamiento o en el aspecto físico

2.7. Elaboro una cartelera para representar la forma adecuada de cuidar mi cuerpo en favor de mi salud y mi autoestima.

Para cada dibujo escribo la norma que me indica qué debo cumplir.

Reciprocidad. Serie Vida Sexual con Valores. Grado 3

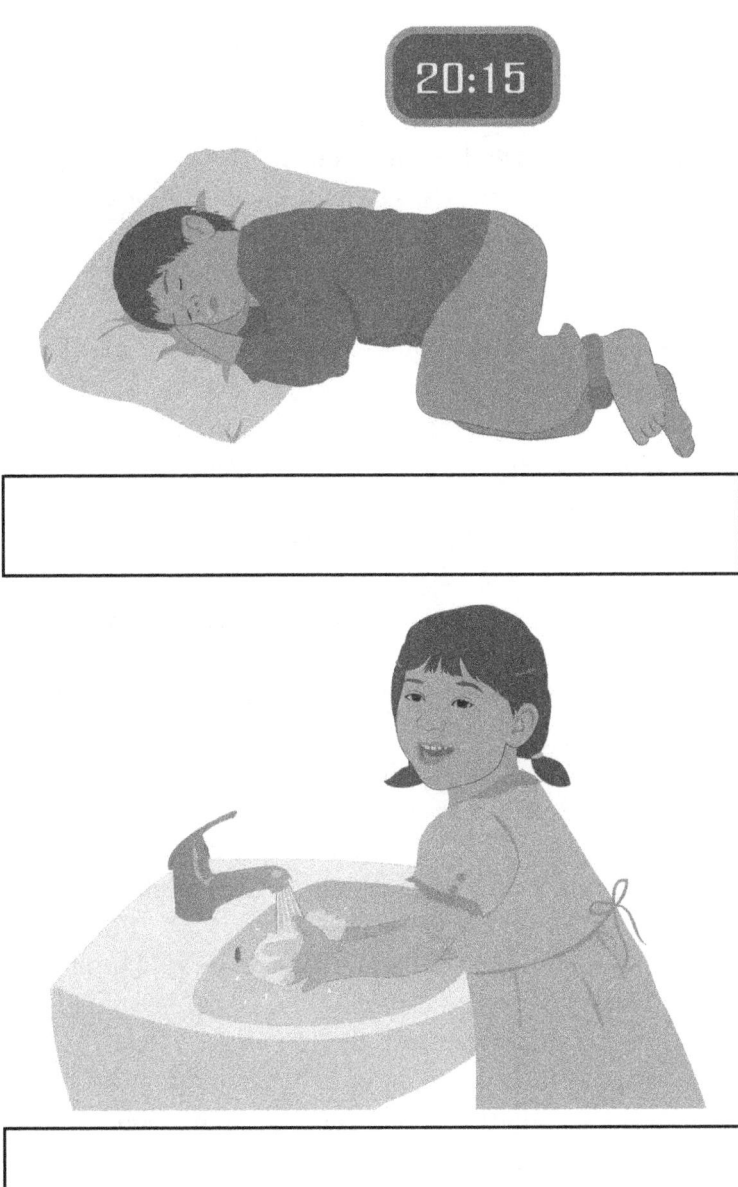

2.8. Escribo letreros vistosos y creativos con los mensajes alusivos al respeto y protección de mi cuerpo, y los ubico en sitios visibles y apropiados de mi salón de clase.

Diferencio lo verdadero de lo falso:
Escribo sobre la raya V o F, según que las siguientes ideas sean verdaderas o falsas.
- Tener autoestima es valorarse y quererse mucho a uno mismo __
- Autoestima es hacer lo necesario o lo posible por el propio bienestar __
- Tener salud es lograr que no nos duela nada __
- Acostarme temprano me permite levantarme temprano con la naturaleza __
- Aunque no cumpla las 10 tareas de cuidado personal puedo crecer sano (a) y feliz __
- Sentirme bien conmigo y con los demás refuerza mi autoestima __
- Debo estar siempre limpio y agradable por respeto a mi mismo __
- Ni los cuentos, ni las historietas, ni los programas de TV, nos enseñan los peligros que corremos los niños y niñas __
- La grandeza de espíritu se manifiesta en bondad, solidaridad y tolerancia __
- Cuidar, proteger y respetar mi cuerpo es reconocer en él mi mayor tesoro __

Busco la palabra correcta:
Lleno el espacio con la palabra correcta que completa la idea.
- Bañarme diariamente con agua, jabón y un _____, para estregarme.
- Debo jugar y compartir con _____ a los cuales debo respetar para ganar respeto.
- Hay que huir de personas _____ que intentan llamar mi atención con dulces y regalos.

- Debo huir de familiares y "amigos" que percibo _____.
- Las personas limpias y bien presentadas ofrecen un aspecto _____ que las hace más apreciadas por los demás.
- Mi cuerpo, su juventud y _____ pasan, pero el espíritu o alma que vive en él, jamás.
- Mis decisiones respecto de mi cuerpo deben orientarse por mi conocimiento y _____
- Cuando _____ mi cuerpo, evito traumas en mi salud física, mental, emocional y sexual, presente y futura.
- Mi cuerpo es mi único _____ para hacer todo lo que me gusta y para realizarme como persona.

2.9. Hago una lista con las potencialidades o talentos que reconozco en mí y escribo al frente la meta a que me conduce cada uno si logro desarrollarlo al máximo.

TALENTO	META A LA QUE PUEDE CONDUCIRME

Elijo la respuesta correcta:
Coloco una "x" a cada idea correcta según la palabra o expresión guía.
Talento
  ☐ Predisposición innata para desarrollar algunas actividades
  ☐ Habilidad adquirida a base de mucho esfuerzo

Meta
- ☐ Realidad posible o alcanzable en términos de mi realización personal a donde me pueden conducir mis logros.
- ☐ una guía de trabajo para lograr mis proyectos

Capacidad innata
- ☐ Predisposición derivada de la herencia genética
- ☐ Habilidad desarrollada a lo largo de la vida

Afición:
- ☐ Interés esporádico por algo
- ☐ Gusto especial por ciertas cosas o actividades

Voluntad firme
- ☐ Fuerza interna que conduce a que mis propósitos sean alcanzables
- ☐ Deseo de hacer las cosas bien

Fuerza interior
- ☐ Es el ánimo con que realizo algunas tareas
- ☐ Energía interna que nos induce a luchar por nuestros propósitos

Inteligencia
- ☐ Don de entendimiento o capacidad para discernir, pensar y elegir lo más conveniente
- ☐ Sustancia puramente material

Potencialidad
- ☐ Energía que duerme o permanece latente u oculta a la espera de ser empleada en el logro de un propósito
- ☐ Carencia de capacidad de respuesta frente a estímulos externos

2.10. Escribo el talento que creo que me falta y que quisiera tener.

_____
_____   _____
_____   _____
_____   _____

2.11. Elaboro la lista de valores que practico diariamente.

2.12. Escribo mi rol o papel dentro de mi grupo familiar y la función o tarea especial que hago para ayudar al bienestar general de mi familia.

Desarrollar mis talentos y ponerlos al servicio de los demás, es ser recíproco conmigo mismo y con mi Creador, quien me los otorgó.

Tener autoestima y respetar las diferencias, me prepara para mejorar mis relaciones de convivencia, y entre ellas con mi pareja, si llego a tenerla.

Muchas relaciones de pareja se acaban por falta de autoestima.

3. Establezco relaciones de correspondencia

3.1 Qué entender por reciprocidad

LOGRO 4. Descubro en qué consiste la reciprocidad, o correspondencia, y la importancia que ésta tiene para cimentar relaciones honestas, tanto de amistad, de trabajo, de diversión, como de pareja en el futuro

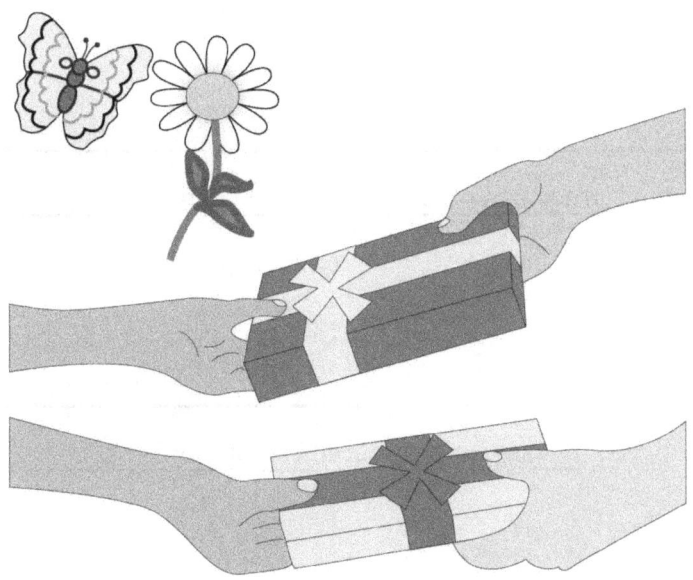

La reciprocidad es la correspondencia mutua presente en una relación honesta de una persona con otra, en la que cada uno da algo a cambio de lo que recibe.

La reciprocidad equivale a no recibir sin dar.

Tú me das, yo te doy; tú me respetas, yo te respeto; yo te valoro, tú me valoras; yo te ayudo, tú me ayudas. Por eso la reciprocidad también se llama correspondencia, es decir, corresponder a lo recibo de los demás.

Somos recíprocos cuando correspondemos los detalles, comportamientos, sentimientos y gestos especiales de los demás hacia nosotros, procurando ser justos.

Soy recíproco con mis padres cuando:

Soy recíproco (a) con mis amigos (as) cuando:

Soy recíproco (a) con mis docentes cuando:

"En una relación de adecuada reciprocidad siempre hay equilibrio porque nadie se queda egoístamente con lo que recibe y siempre busca opciones y maneras de corresponder o retribuir lo recibido."

Comento con un compañero (a) la importancia que le reconozco a la reciprocidad dentro de la amistad y escribo una conclusión de lo comentado.

¿Consideras importante la reciprocidad en las relaciones de pareja?
Sí ___ No ___ ¿Por qué?

Escribo el rol de una persona con quien siento, o creo que tengo buenas relaciones de reciprocidad:

Pienso y escribo:
1. Es más fácil establecer relaciones recíprocas con personas de género:
  ☐ Igual
  ☐ Diferente
  ☐ Me es indiferente el género

2. ¿Con cuál persona de mi familia tengo mejores relaciones recíprocas?

¿Por qué?

3. ¿Cómo califico el hecho de fingir una amistad solo para obtener provecho de ella?

En tu criterio, ¿qué se requiere para ser recíproco con otras personas?

Si descubres que una persona por fuerza mayor (situación especial) no puede ser recíproca contigo, ello no debe impedirte que le expreses tus sentimientos de solidaridad.

Ser recíproco en la amistad, es ser honesto conmigo y con el otro. Fingir sentimientos o afecto destruye la confianza.

Cuando soy recíproco, vivo en armonía conmigo, con los otros y con el medio en que vivo.

Reciprocidad. Serie Vida Sexual con Valores. Grado 3

¿Cuándo soy recíproco con el medio ambiente en que vivo?

La vida diaria es un acto recíproco

1. Transporto polen	___ Recibo gratitud
2. Siembro una semilla	___ Crece saludable
3. Te ayudo	___ Me invitas
4. Cultivo el jardín	___ Me comprendes
5. Aporto huevos	___ Me protegen
6. Te acompaño	___ Recibo respeto
7. Cepillo mis dientes	___ Me escuchas
8. Doy frutos	___ Obtengo una planta
9. Te comprendo	___ Recibo flores
10. Cuido las mascotas	___ Recibo miel
11. Te valoro	___ Recibo alimento
12. Escucho los trinos	___ Crecen sin caries
13. Te invito	___ Me ayudas
14. Cuido mi cuerpo	___ Me acompañas
15. Te disculpo	___ Presto servicios
16. Colaboro en casa	___ Protejo los nidos
17. Te escucho	___ Me disculpas
18. Respeto a las personas	___ Me consientes
19. Te consiento	___ Recibo compañía
20. Recibo talentos	___ Me valoras

Tener afinidad o parecido con otras personas en cuanto a gustos, intereses y motivaciones, facilita el surgimiento de relaciones recíprocas de amistad, de trabajo y a veces de pareja en la vida adulta.

3.2 La reciprocidad es una puerta abierta al mundo

LOGRO 5. *Deduzco que la reciprocidad es una puerta abierta al mundo y que mediante mi comunicación e interacción con él, siento y expreso las emociones y sentimientos que me despierta*

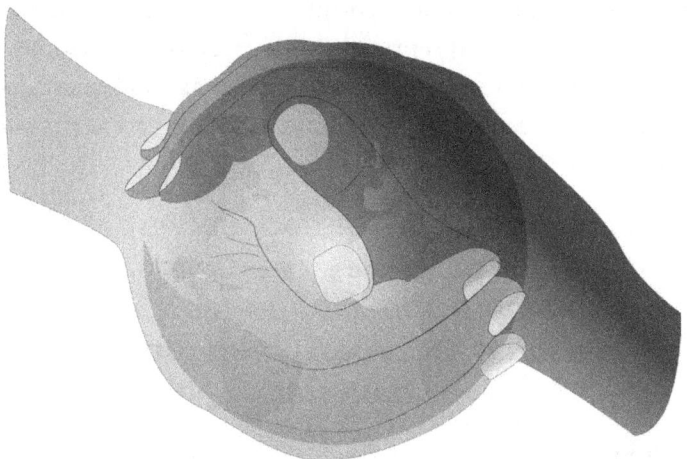

Si cojo una fruta y cuido los árboles, si escucho los trinos y protejo los nidos, si admiro la naturaleza y la cuido, estoy siendo recíproco con ella por lo que me aporta y estoy expresando emociones y sentimientos.

Si juego limpio, si soy recíproco (a) o respetuoso (a) y honesto (a) con mis sentimientos, si me esfuerzo por corresponder lo que recibo, abro toda posibilidad de ser tenido (a) en cuenta, de ser escuchado (a), de ser valorado (a), o por lo menos, de ser respetado (a). Nadie quiere aventurarse en una relación de amistad, de trabajo, o juego en equipo, con quien sólo sabe recibir o fingir.

Cuando soy honesto (a) y cuando soy recíproco (a) en mis relaciones de amistad o familiares, puedo expresar las emociones y sentimientos que me despiertan las personas y las diversas situaciones de la vida, con la seguridad de que serán respetados.

Aunque es muy buena la reciprocidad de sentimientos hacia las demás personas, de hecho, en las relaciones de pareja y familiares debe haberla, hay situaciones y momentos en los que algunos sentimientos nuestros o ajenos, pueden no ser correspondidos debido a que los sentimientos no necesariamente se acomodan al gusto, al sentir, o al querer de otras personas. Es entonces el momento de hacer gala de la más alta honestidad y respeto para hacerlo saber sin la intención de hacer sentir mal a quien se lo expresamos.

El mundo de la amistad, del respeto, y de otros valores y sentimientos, siempre abre las puertas a las personas recíprocas, respetuosas y honestas

Cuando no podamos corresponder a un sentimiento, lo ideal es ser honestos, haciéndolo saber con el debido respeto.

La reciprocidad se complementa con el respeto y la honestidad

¿Quiénes hicieron posible tu vuelo?

Hubo una vez una niña que quería volar, pero como sabes, los seres humanos no nacimos dotados para ello; mas la niña se obsesionó tanto que no quiso darse por vencida y acudió a diversos lugares procurando hallar alguna solución sin ningún resultado positivo. Preocupada y muy triste se fue a la orilla del bosque para dar rienda suelta a sus sentimientos de frustración y allí lloró desconsoladamente. Su llanto fue escuchado por un pájaro carpintero que picoteaba un árbol no lejos de allí y que movido por su curiosidad acudió a indagar de qué se trataba. Al verlo, la niña le dijo con voz suplicante: - Quiero volar como tú, regálame tu par de alas que yo te estaré muy agradecida y para compensar tu regalo pondré los frutos de mi conocimiento al servicio de todo lo que pueda serte útil.

El carpintero, aunque no podía regalarle sus alas, muy conmovido por el grado de aflicción, prometió hacerle unas alas más grandes y livianas y otras aves prometieron aportarle de su colorido plumaje, esperando que cuando la niña volara se sintiera agradecida y orgullosa de su pequeño, pero significativo aporte.

Pasado algún tiempo, las alas estuvieron listas a prueba de vuelo y la niña se manifestó verdaderamente feliz y agradecida, pero luego de que se produjera el acto mágico que le permitió volar, olvidó sus buenas intenciones y promesas, se sintió superior a todos e ignoró el valioso esfuerzo de quienes la habían ayudado a realizar su sueño.

El pájaro carpintero y demás aves solidarias, felices de haber contribuido a la realización de un propósito, sólo desean que el par de alas le dure a la niña para siempre o la hagan feliz por mucho tiempo.

La niña de nuestra historieta, ¿interiorizó y practicó el valor de la reciprocidad?

Sí ____ No ____ ¿Por qué?

¿Cómo corresponderías a una persona que sin tener deberes contigo te brinde su ayuda?

¿Admites o no, que tras la persona que te ofrece ayuda pueden ocultarse otras de igual importancia que se quedan sin reconocimiento?

Sí ___ No ___ ¿Cómo cuáles?
_____
¿Por qué?

¿Qué valores deben poner en práctica las personas que actúan con auténtica reciprocidad?

Narra algún hecho de la vida real que tenga algún parecido con esta historieta.

¿Qué piensas de la actitud de las aves que a pesar de no sentirse correspondidas solo le desean bienestar a la niña?

Elabora una lista de por lo menos diez acciones que puedes realizar como actos recíprocos hacia las personas que han hecho o hacen algo por ti.

Elabora una lista de por lo menos diez acciones que puedes realizar como actos recíprocos, hacia la naturaleza, por lo que a diario le aporta a tu vida

Si soy recíproco en la amistad, estos cuatro valores debo practicar:

Consulta en el taller grado 0, logro 15, cuáles son los cuatro valores que caracterizan una sana amistad.

Si aprendo a ser honesto (a),
en dar y recibir,
viviré en armonía,
yo seré más feliz.

Si amistad recibo
y amistad yo doy,
yo seré recíproco,
viviré mejor.

Si papás se esfuerzan,
por mi bienestar,
mis comportamientos
les han de agradar.

Si honesto y recíproco,
en la vida soy,
paz y alegría,
habrá en mi interior.

No siempre hay que condicionar nuestras acciones a la forma como actúan los demás con nosotros. Nuestra guía debe ser actuar a consciencia aunque los demás no actúen de la misma manera.

Elabora una lista con los roles de las personas que han realizado acciones especiales por ti, con las cuales deberías ser muy recíproco (a).

¿Cómo has correspondido o has sido recíproco (a) con ellos (as)?

¿Aprendiendo a ser recíproco (a), puedo mejorar mis relaciones de amistad y, en el futuro, de trabajo o de pareja?
Sí ___ No ___ ¿Por qué?

3.3 Puedo transformar el mundo siendo recíproco

LOGRO 6. *Descubro que mediante mis potencialidades, habilidades o talentos recibidos puedo contactar, intervenir y transformar el mundo en un acto recíproco*

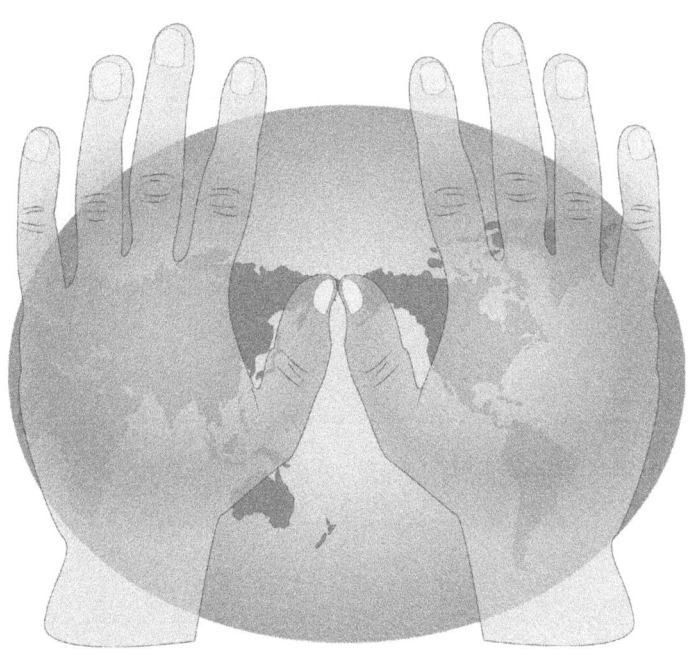

Otros han contactado, intervenido y transformado el mundo

Observa el paisaje a tu alrededor (construcciones, vehículos, caminos, cultivos, etc.). ¿Qué personas intervinieron en las transformaciones observadas?

¿Cómo valoras o calificas el tipo de transformación observada?

¿Estas transformaciones pueden considerarse actos recíprocos?
Sí ___ No ___ ¿Por qué?

¿Quiénes intervinieron y qué habilidades o talentos requirieron?

Usar bien los talentos a favor de los demás y de la naturaleza, es también un acto de reciprocidad

Hay lugares del planeta en los que la mano humana ha intervenido demasiado, llegando a causar grandes daños a la naturaleza. Consulta algunos de estos lugares y escríbelos.

¿A qué crees que se deba esta intervención exagerada?

Responde las siguientes preguntas:
¿Qué juegos practicas?

¿Qué deporte practicas?

¿En qué deporte eres sobresaliente?

¿Qué deporte quisieras practicar?

¿En cuál materia o área de estudio te va mejor?

¿Tienes habilidades para el dibujo?

¿Tienes talento para la música?

¿Qué te dicen de tu voz cuando cantas?

¿En qué actividades escolares te gusta participar?
_____

¿En qué profesión u oficio te gustaría sobresalir cuando seas adulto?
_____

¿Cuál profesión te parece especial y bonita?
_____

¿Cuál profesión te parece muy necesaria?
_____

Haz una lista de tus potencialidades, habilidades o talentos, a partir de la observación de las respuestas anteriores.

¿De qué forma puedes ser recíproco (a) por los dones o talentos que recibiste?

De todas tus respuestas, selecciona tres potencialidades o talentos con los cuales te sientes mejor: _____, _____, _____

Los talentos o habilidades que posees son parte integrante de tu ser ya que no los pediste ni pagaste por ellos. Son tus dones o regalos y eso también te hace valioso (a).

Con lo que te gusta o eres capaz de hacer, ¿qué harías en bien de ti mismo?

Reciprocidad. Serie Vida Sexual con Valores. Grado 3

¿Qué harías en favor de otras personas y del lugar donde vives?

Ilustra mediante un dibujo la actividad o profesión en la que te gustaría desempeñarte.

¿Qué bienes o ayudas le devuelves a la humanidad en dicha actividad o profesión, por los dones o talentos recibidos?

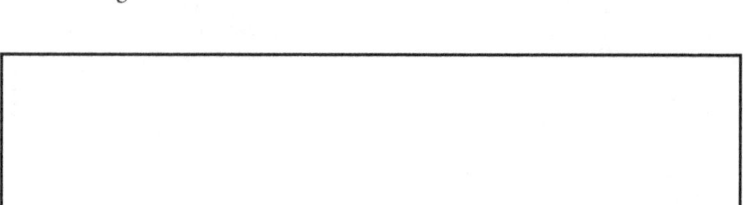

Ambos géneros o sexos poseemos infinidad de talentos y todos tenemos talento para algo. Los talentos, habilidades, potencialidades, o dones, son expresiones del espíritu inteligente que te habita en procura de que cumplas una misión en la tierra porque el cuerpo es una herramienta o instrumento del alma que busca realizarse o ser, a través de lo que hace el cuerpo. Toma consciencia de esto.

Con tu amabilidad, respeto y solidaridad también puedes ayudar a transformar la vida y el mundo de las personas que sufren o lo necesitan, por cualquier causa.

Los talentos son regalos, dones, o dádivas del Creador que debemos poner al servicio de nosotros mismos y de la humanidad

¡Tienes talento para algo! Descúbrelo y sé feliz haciendo lo que te gusta.

Realizarse como persona, empleando el espíritu inteligente que nos habita, es ser alguien que se manifiesta o se hace visible a través de lo que hace o crea.

Nuestra realización personal puede encontrarse hasta en las cosas más sencillas siempre que sean lo que nos gusta hacer. Cuando eres realmente feliz haciendo lo que haces, es porque estás realizando tu anhelo más íntimo, es decir, has descubierto tu verdadera misión, que es el anhelo de tu alma.

En mis dones o talentos está oculta la misión que vine a cumplir, frente a mí mismo, con mi familia, con la sociedad o con mi futura pareja, si llego a tenerla.

Ser recíprocos es una necesidad de compensar al otro por lo que nos aporta, y es una forma de vivir en armonía.

3.4 La reciprocidad en la relación de pareja de mis padres

LOGRO 7. *Indago si las relaciones de mis padres son recíprocas en la expresión de ternura, comprensión, respeto, emociones y sentimientos*

La familia de hoy, comparada con las familias de épocas anteriores, ha cambiado para muchos por diversas razones.

Hay familias en las que en vez de padre hay un padrastro, en vez una madre hay una madrastra, o simplemente falta uno de los dos; también es posible que, en vez de hermanos, tengas hermanastros, entre otros.

Dibuja tu familia y escribe los roles o papeles que desempeña cada miembro de ella.

¿Con cuál persona de tu familia sientes que eres más recíproco (a)?

¿Con cuál persona de tu familia te sientes más protegido (a) y seguro (a)?

Los cambios que ha tenido la familia a través del tiempo han hecho que las relaciones afectivas también cambien, pero de cualquier forma que esté organizada la familia, entre todos deben profesarse por lo menos: respeto, ayuda mutua y comprensión. Observa, a partir de estos criterios (respeto, ayuda mutua y comprensión), si existe reciprocidad o correspondencia entre tus padres o quienes hacen sus veces.

A partir de lo observado, escribe lo que presientes o imaginas que está ocurriendo respecto de la forma como tus padres o sustitutos, expresan sus sentimientos, emociones, respeto, y los valores: respeto, ayuda mutua y comprensión.

¿Qué actividades comparten o realizan juntos tus padres o sustitutos, que te dan indicios de la reciprocidad que hay entre ellos?

¿Qué sientes o piensas que ocurre cuándo no existe correspondencia o reciprocidad en las relaciones de pareja?

Si a tu familia han ido ingresando miembros nuevos con quienes no has logrado establecer lazos de confianza, procura no quedarte a solas con ellos, por tu seguridad.

Recuerda que debes huir de las personas que percibes mal intencionadas, aunque se trate de tus familiares o amigos cercanos de la familia, o comunicarlo a una persona de tu confianza.

Aunque la familia es el ente o institución primaria que mejor debe velar por el bienestar y seguridad, y por lo tanto por la protección de niños y niñas, no siempre se logra este cometido, máxime con las nuevas formas de organización familiar en la que, en muchos casos, los niños (as) quedan en manos de "familiares" casi desconocidos: hermanastros, padrastros, por citar algunos, que muchas veces no son de confianza para ellos.

Padres y madres de familia: No obliguen ni presionen a sus pequeños a quedarse en manos de personas con quienes ellos manifiestan claro rechazo porque ellos son muy perceptivos y su intuición muy clara. No se hagan los sordos cuando un niño o niña se queja por abuso o acoso sexual porque es muy factible que sea cierto y tenga presente que muchos callan atemorizados por el agresor, que en muchos casos es de la propia familia.

Las cifras alarmantes de niños y niñas abusados sexualmente en los tres primeros trimestres de 2013 (Colombia), que superan los 11.000, según datos emitidos en programa de radio por el director de medicina legal, dejan a la vista un drama muy preocupante, pues estos son los casos que se conocen porque se denuncian, pero ¿cuántos más se están quedando en el anonimato?

Los hijos son la máxima obra humana. Valórelos, respételos y cuídelos. ¡Son su sangre!

Y si usted se equivocó, ¡No les cobre a ellos lo que es culpa suya!

3.5 Reciprocidad de sentimientos en familia

LOGRO 8. *Expreso mediante dibujos y escritos lo que sentimos en mi familia cuando hay motivo de alegrías y tristezas*

Dibuja un hecho familiar que te cause alegría.

Escribe lo que representa tu dibujo.

¿Qué otros hechos ocurridos en la familia te producen alegría?

¿Cómo expresas tu alegría?

Dibuja un hecho familiar que te cause tristeza.

¿Qué representa tu dibujo?

¿Por qué el hecho representado te produce tristeza?

¿Qué otros hechos ocurridos en la familia te producen tristeza?

¿Cómo expresas tu tristeza?

En la alegría y en la tristeza casi siempre hay reciprocidad de sentimientos y todo el grupo familiar se alegra o entristece, aunque todos lo expresen de manera diferente.

3.6 La oportunidad implícita en las crisis familiares

LOGRO 9. *Reconozco que en la familia ocurren momentos difíciles o crisis que pueden concluir en duelos, separaciones, nuevas uniones, adopciones, llegada de nuevos hermanos, entre otros eventos, que bien manejados pueden convertirse en espacios de reflexión, unión y fortaleza familiar*

En todas las familias y grupos de convivencia humana (estudiantiles, laborales, de pareja, entre otros) se presentan diferencias y malos entendidos debido a las diferentes formas de pensar y actuar de los distintos miembros de cada grupo.

Representa mediante dibujo una crisis familiar reciente que hayas vivido o de la que puedas dar testimonio cierto y socializa el motivo de la crisis.

¿Por qué el acontecimiento representado significa un momento difícil o una crisis?

¿Qué personas se vieron afectadas por el hecho representado?

¿En qué se vieron especialmente afectadas las personas involucradas en la crisis?

¿Qué pudo haberse hecho para evitar esa situación?

¿Qué aprendizaje te deja la situación vivida?

¿De qué otra manera pudo procederse, de modo que afectara menos a las personas?

¿Qué pueden hacer las personas afectadas para superar la crisis?

Si la situación te afecta de una manera especial, busca el diálogo con una persona de confianza. Todos somos susceptibles de sentirnos afectados por los acontecimientos que nos rodean.

Identifica las causas de la crisis que afrontó o afronta tu familia, recordando y expresando por escrito cómo empezó el problema o crisis.

Socializa tu respuesta para conocer la causa de las crisis que han vivido las familias de tus compañeros y toma algunos apuntes.

Propone alguna solución que afecte lo menos posible a los niños y niñas, si hacen parte del conflicto o crisis.

¿Por qué razones es que se dificulta la convivencia entre los diferentes grupos humanos?

[espacio para respuesta]

¿De qué manera puedes aprovechar la experiencia vivida para mejorar y fortalecer tus lazos afectivos con algún miembro de la familia?

[espacio para respuesta]

Las situaciones de crisis que hay en la familia pueden convertirse en espacios de reflexión, diálogo, concertación, unión y fortaleza. Todo momento de crisis, desacuerdos o discusiones puede convertirse en una oportunidad para superar esas situaciones y salir beneficiados de ellas.

Una crisis o desequilibrio en las relaciones familiares puede darse por: incomprensión, desamor, debilidad de carácter, exceso de presión, irresponsabilidad, desorientación, ligereza, irritabilidad, intolerancia, desconfianza, irrespeto, temor, inconformidad, pérdida de control, entre otros, y en la práctica nos hace víctimas de alguna forma si estamos ligados a la relación afectada.

Cuando las relaciones de pareja entran en crisis los dos miembros de la pareja sufren, pero el sufrimiento de los hijos es mayor porque están frente a una situación que no entienden y porque las cargas de irritabilidad que la inestabilidad genera entre los miembros de la pareja en crisis, recaen sobre los hijos por medio de gritos, desatención, abandono y toda clase de malos tratos. Además, los hijos siempre tienen sus sentimientos contrapuestos porque ambos padres son significativos para ellos.

Si en tu familia no ha habido crisis, ponte en el lugar de un niño que ha sido víctima de una crisis familiar y escribe lo que crees que piensa o siente. Si la has vivido, escribe tu propio sentir al respecto.

$\boxed{}$

¿Por qué motivo especial las parejas que tienen hijos deben lograr superar sus conflictos?

$\boxed{}$

¿Qué actos recíprocos pueden ayudar a una pareja en crisis a resolver sus diferencias?

$\boxed{}$

¿De qué manera puedes ayudar a tus padres a evitarles conflictos?

$\boxed{}$

Entender los conflictos familiares y de pareja puede enseñarnos a superar nuestras propias crisis o dificultades tanto en familia como con compañeros.

Los mecanismos más útiles en cualquier crisis son el respeto por el otro, la comprensión y el diálogo.

3.7 LA RECIPROCIDAD EN LAS ACTIVIDADES COLECTIVAS

LOGRO *10. Expreso las experiencias producto de compartir actividades con compañeros de igual y diferente género: juegos, bailes, deportes, obras de teatro y musicales, entre otras*

La vida diaria es un permanente intercambio de experiencias, sobre todo cuando afrontamos la época estudiantil, debido a que podemos compartir con diversidad de compañeros (as) dentro de los cuales podemos encontrar algunos amigos y amigas.

Las experiencias de compartir con otras personas que no pertenecen a nuestro círculo familiar, nos permite:
- Mejorar las oportunidades de escoger el grupo de amigos (as)
- Tener más conocimiento acerca de la diversidad de comportamientos, gustos, intereses, necesidades y costumbres.
- Enriquecer nuestras experiencias al aprender de las otras vivencias antes desconocidas, esto es, aprender de los compañeros (as) y amigos (as).
- Interrelacionarnos y compartir actividades escolares que facilitan el descubrimiento de nuevos sentimientos y sensaciones hasta entonces desconocidas.

¿Con compañeros de cuál sexo o género prefieres jugar?
_____
Expresa el motivo de tu preferencia

¿Te gusta pertenecer al grupo de danzas de tu colegio, localidad, barrio o vereda?
Sí ____ No ____ ¿Por qué?

Si practicas algún tipo de baile, ¿con compañeros de cuál género prefieres practicarlo?
_____

¿Qué sensaciones, sentimientos, o emociones experimentas cuando practicas el baile con compañeros de diferente sexo o género?

¿Qué deportes prefieres practicar?

¿Por qué razón especial los prefieres?

¿Quiénes participan en las obras de teatro?
- [ ] Hombres y mujeres
- [ ] Sólo hombres
- [ ] Sólo mujeres

¿Qué representan las obras de teatro?

¿Por qué razón especial participarías en una obra de teatro?

¿Por qué razón especial no participarías en una obra de teatro?

[   ]

¿Qué clase de música prefieres?
_____

¿La música de tu preferencia es bailable?
Sí ___ No ___
¿Practicas el baile de tu música preferida?
Sí ___ No ___
¿Con compañeros de cuál género prefieres practicar el baile de tu música preferida?
_____
¿Por qué?

[   ]

¿Existen grupos musicales en tu colegio, barrio o vereda?
Sí ___ No ___
¿Perteneces a algún grupo musical? Sí ___ No ___
¿Qué te llevaría o te llevó a pertenecer a un grupo musical?

[   ]

Los grupos musicales que conoces están integrados por:
☐ Sólo hombres
☐ Sólo mujeres
☐ Ambos géneros

Expresa los sentimientos y emociones que experimentas cuando participas en algunas actividades grupales donde comparten ambos géneros.

Te sientes más a gusto participando en actividades:
- ☐ Masculinas
- ☐ Femeninas
- ☐ mixtas

¿Qué piensas del sexo opuesto?

¿Qué piensas sobre las relaciones recíprocas con personas del otro género?

¿Crees que hombres y mujeres experimentan iguales sensaciones al compartir actividades mixtas?
Sí ___ No _____ ¿Por qué?

Las sensaciones, emociones y sentimientos que experimentas ante algunas situaciones, como temor, entusiasmo, inquietud, curiosidad, regocijo, ansiedad, entre otros, hacen parte de tu naturaleza y vitalidad y por lo tanto no tienes por qué ocultarlos o avergonzarte de ellos. Sólo debes mantenerlos bajo control y expresarlos según lo consideres o no conveniente, que eres la persona más importante para ti mismo (a).

Las sensaciones, emociones y sentimientos hacen parte de tu personalidad o individualidad, luego no tienen que parecerse a lo que sienten los demás y sólo tú, empleando tu inteligencia y voluntad, debes ejercer control sobre ellos cuando lo estimes de tu conveniencia.

Si bien no eres culpable de lo que sientes, pues expresas tu estado emocional del momento, sí tienes el deber de analizar la situación y de valorar la conveniencia o no, de expresarlo, o hacerlo manifiesto.

Compartiendo actividades grupales descubrimos afinidades en gustos, intereses y sentimientos que nos permiten ser recíprocos con los compañeros (as).

3.8 La reciprocidad entre personas de diferentes edades

LOGRO 11. *Propongo mecanismos para fortalecer la reciprocidad entre: adulto-adulto, adulto-niño, adulto-joven, joven-joven, niño-joven y niño-niño, sobre la base del respeto y el reconocimiento de la igualdad*

La reciprocidad o correspondencia en las relaciones familiares, es lo que todos quisiéramos encontrar: mutuo respeto, mutua ayuda, mutuo acompañamiento, mutua comprensión, entre otros.

Sería ideal saber que valoramos a nuestros padres y que nuestros padres nos valoran a nosotros, que nuestros padres se esfuerzan por nuestro estudio y que nosotros les correspondemos con excelentes calificaciones, que nuestros padres nos aportan las cosas necesarias y que nosotros les correspondemos cuidándolas y dándoles adecuado uso, etc. Es necesario vigilar entonces, si estamos siendo recíprocos en nuestras relaciones familiares, e incluso con los amigos.

Para el siguiente ejercicio puedes valerte de las dificultades que has observado entre vecinos, en tu grupo familiar o en la televisión.

Plantea propuestas que consideras que ayudarían a mejorar la correspondencia o reciprocidad en las relaciones entre:

Adulto-adulto. Aquí puedes sugerir algo con respecto a tus padres, hermanos mayores y otros familiares cercanos.

Adulto-niño. Puedes ser tú en relación con tus padres o entre ellos y un hermanito con quien haya dificultades.

Adulto-joven. Relaciones entre padres con hijos adolescentes, por ejemplo.

Joven-joven. Los hermanos adolescentes entre sí o con amigos.

Joven-niño. Hermanos mayores con los más pequeños.

Niños-niños (as). Hermanos pequeños entre sí o con los amiguitos.

Socializa tus respuestas y compleméntalas con los buenos aportes que obtengas de tus compañeros. Escríbelas y si procuras poner algunas en práctica ¡Mucho mejor!

Escribe un hecho de tu diario vivir en el que reconoces que eres recíproco.

Fortalecer la reciprocidad dentro del grupo familiar propicia ambientes más acogedores y armoniosos que pueden trascender a tu vida familiar futura. Recuerda que aprendemos del ejemplo.

Recuerda que de tu ejemplo también aprenden tus hermanos menores si los tienes y tus amigos.

3.9 Identifico relaciones de reciprocidad en las historias humanas

LOGRO 12. *Dedico tiempo libre a detectar y reflexionar acerca de la reciprocidad existente en las relaciones que dramatizan personajes de una historia ficticia*

Las novelas, al igual que las obras de teatro, dramatizan o representan historias de vida o situaciones del acontecer diario, muy parecidas a las que ocurren dentro de nuestras familias u otras familias vecinas: conflictos, enamoramientos, traiciones e injusticias, entre otros.

Elige a tu gusto una radionovela, telenovela, o novela escrita, para escucharla, verla o leerla, según el caso, en tu jornada no escolar.

Pídele a la persona mayor que te hace compañía, o a alguien de confianza, que escuche, vea o lea contigo algún capítulo que elijas y coméntalo con dicha persona. Escribe los momentos o episodios en donde se presentan relaciones recíprocas.

Escribo los sentimientos que se me despiertan cuando no hay honestidad, reciprocidad o correspondencia, en las relaciones dramatizadas o representadas por los diferentes personajes o actores.

Formo equipo con quienes compartieron el mismo programa y socializo mi experiencia con ellos, para evaluar mejor mis apreciaciones y sentimientos frente a las situaciones representadas, al igual que las apreciaciones y sentimientos de mis compañeros y escribo las conclusiones.

Sustenta por qué motivos o razones son, o no, frecuentes las relaciones recíprocas dentro de la vida familiar.

[ ]

Si deduces que no son frecuentes las relaciones de reciprocidad o correspondencia, presenta o busca alguna alternativa, o sugerencia, que les permita mejorar.

[ ]

¿Qué actitudes con las que estás especialmente en desacuerdo encontraste en algún personaje?

[ ]

¿Por qué?

[ ]

¡Qué bien por la reciprocidad en las relaciones familiares!

Mi familia con su ejemplo me enseña cómo orientar mi familia futura.

3.10 DEBO AYUDAR A MEJORAR LAS RELACIONES DE RECIPROCIDAD

LOGRO 13. *Busco historias de vida, o las imagino y escribo, en las cuales se presenten relaciones recíprocas de amistad, amor, familiares, laborales y estudiantiles*

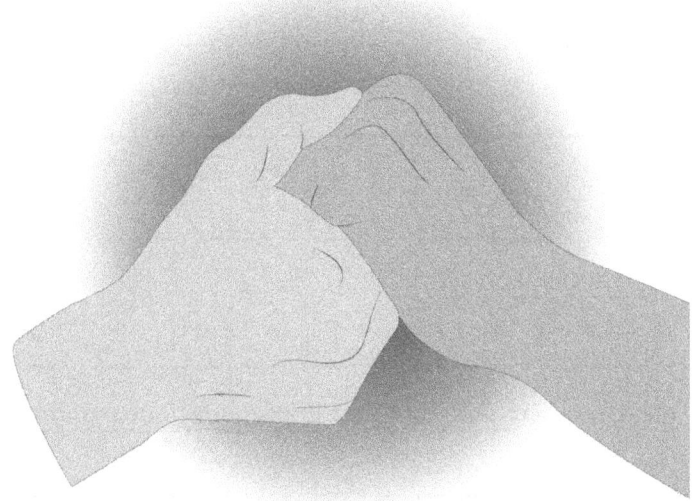

Las relaciones de correspondencia o recíprocas deben darse en todos los campos o aspectos en donde nuestra vida se relaciona con otros. Los niños que aún no asisten a la escuela deben aprenderlas de sus padres o sustitutos y practicarlas dentro del hogar; los niños (as) y jóvenes escolares deben practicarlas con sus profesores, compañeros y amigos; aquellos, quienes por su grado de madurez buscan pareja, deben practicarlas con la persona elegida a efectos de que entre los dos se establezca un juego limpio que permita cimentar relaciones armoniosas y por tanto duraderas; y en el campo laboral, la práctica de la reciprocidad debe procurarse con todos los integrantes de la empresa con el fin de propiciar un ambiente de trabajo armonioso entre empleadores y empleados que permita garantizar la prosperidad de instituciones, negocios y empresas.

Escribe una historia de vida que conoces o imaginas, en la cual se den verdaderas relaciones recíprocas. Tu historia puede ser sobre relaciones de amistad, familiares, amorosas, o estudiantiles.

¿Cuáles son para ti las ventajas de establecer relaciones recíprocas?

¿Qué se requiere para poder establecer relaciones recíprocas?

Escribe una cualidad o valor que posees con el cuál crees que eres capaz de establecer relaciones recíprocas.

¿Qué comportamiento molesto o anti valor puede ser el más destructivo de las relaciones de reciprocidad?

¿Por qué?

¿Cuál es el valor que mejor facilita las relaciones recíprocas?
_____
¿Por qué?

¿Posees ese valor? Sí ___ No ___
Socializa tus respuestas a esta tarea con tus compañeros de clase y en familia de ser posible

Solo la reciprocidad de acciones y sentimientos puede garantizar la armonía que necesitan las relaciones familiares, laborales, amorosas y en general grupales.

3.11 Reciprocidad versus Deshonestidad

LOGRO 14. *Identifico las actitudes y comportamientos negativos que afectan las relaciones de reciprocidad o correspondencia*

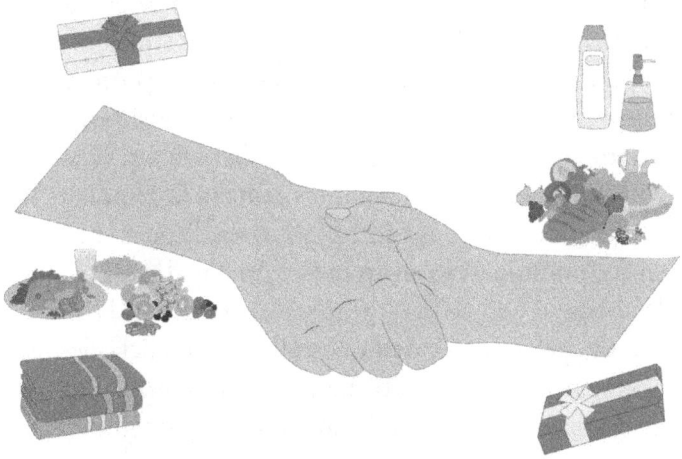

En un claro de un antiguo y frondoso bosque de un lejano país, hubo una sin par ciudad llamada "RECIPROCIDAD" cuyos fundadores, hasta hoy desconocidos, habían fundamentado sus leyes en los valores de la igualdad y la correspondencia a efectos de garantizar que a ninguno de sus moradores les faltara nada y para evitar que se rompiera la armonía. Sus casas, por ejemplo, eran grandes y medianas según si las familias eran numerosas o tenían pocos miembros; sus leyes también habían establecido que los bienes o pertenencias familiares fueran adquiridos según el número de personas que la familia tenía; y quienes trabajaban debían producir sólo lo necesario a efectos de evitar el desgaste acelerado de los recursos naturales, de modo que pudieran garantizar una supervivencia digna para todos. Como cada quien tenía lo suficiente para vivir y no anidaban en ellos sentimientos egoístas, esto los hacía inmensamente felices y pacíficos.

Para que no se rompiera el equilibrio reinante, en detrimento de unos y beneficio de otros, se debía practicar auténticas relaciones de correspondencia en todos los aspectos dentro y fuera del grupo familiar. Quien requería un bien de algún vecino o miembro de la familia, por ejemplo, debía compensarlo con otro bien que éste a su vez necesitara; quien prestaba un servicio recibía otro servicio que a su vez requiriera, situación que además propiciaba el diálogo y la concertación. La vida era de tal modo, que en aquella ciudad todo era un verdadero trueque de bienes, servicios, respeto, comprensión, diálogo y buen trato. Se retribuía sin egoísmo todo bien o servicio que se recibía y entre todos sus habitantes reinaba la armonía.

Para cierta ocasión, cuya fecha se ignora, llegó a la ciudad un personaje funesto cuya característica principal era la deshonestidad y empezó con falsos argumentos a cimentar la codicia, la envidia, el egoísmo y la deshonestidad. La codicia despertó el deseo de tener más y más bienes; la envidia hizo que quienes vivían en casas medianas ambicionaran las casas grandes y más bienes de los que necesitaban; el egoísmo y la deshonestidad los indujo a olvidarse de las relaciones de correspondencia por tantos años practicadas y las fueron perdiendo en todos los niveles. El amor se transformó en egoísmo, pues todos pedían amor pero no daban amor; todos exigían respeto pero no lo enseñaban con el ejemplo porque olvidaron respetar; exigían servicios y buen trato pero no aportaban nada y sólo sabían gritar y mandar; el diálogo y la concertación se perdieron y reinó el caos.

Según creas o imagines qué ocurrió, luego de los anteriores sucesos, termina de escribir la historia de la ciudad de Reciprocidad en las siguientes líneas.

Sobre cuáles valores se establecieron las leyes de la ciudad de:

_____

En qué medida estos mismos valores apoyan o complementan el valor de la reciprocidad que estamos aprendiendo:

¿Cuáles de los antivalores que inculcó el personaje funesto, son más dañinos?
_____
¿Por qué?

Cuál es el valor que debemos cultivar para que no se rompa el equilibrio de las relaciones familiares:

_____
Sustenta tu respuesta:

Cuáles son los cuatro principales enemigos de las relaciones de reciprocidad o correspondencia:

| |
| |

A qué equivale una adecuada relación de correspondencia:
Equivale a: <u>D_____</u> y <u>R_____</u>
¿Por qué crees que la ciudad de nuestra historieta se llama reciprocidad?

| |
| |

¿Las relaciones familiares y/o de pareja pueden prosperar si en ellas hay egoísmo y deshonestidad?
Sí ___ No ___ ¿Por qué?

| |
| |

¿Qué enseñanzas te deja esta historieta?

| |
| |

La reciprocidad nace de la honestidad, honradez y respeto con que manejes tus emociones, sentimientos y acciones.

Si las relaciones de pareja se fundamentan en la honestidad, puede reinar la armonía.

3.12 Evaluación del taller

LOGRO 15. *Evalúo mis avances en el área, realizando la sopa de letras propuesta*

Determina la palabra que corresponde o completa cada enunciado propuesto en este logro y búscala en la sopa de letras.

```
S P U M T P N R Z Z X A Z Z V D T R I U N K V Y N
I Q Q B G E C S S P L Z D C K B L C I H Z M U E A
X G L O O G S F U O Z O H Y G E O B S K U X X F M
S C U I D W L W D I L G F T V O W F A S N J T Q I
W E K A K A Z N E U G R E V N A B B P X H S Q B B
F L Y K L F A J L J M D A Q Y N V J V J S F F M D
J C Y O R D K E D J X Y A T N O E R Q L O F X R Y
A D U T I T A R G U B Q F Y E B F C E M C Y L A K
S S A U U S W D A O V Y R L X P Q D L G G N A G A
B O C O H F A M I L I A X D P Z S A S X M W Y P X
R Y A Y O T Q V Q C T S E D E C R E M B G R N V H
F O D N S G X S E N O D M E R S T T R K M K K S H
A G S I A V R I C U E R P O I N H K A V H Q O U V
Z J M Z A I C N E D N O P S E R R O C R I S I S C
F A Q H L L Z F V E Q X S I N W Y E N M J R R B U
G T U B R O O M I S I Ó N S C Z M M Z E O F Z Y H
F Q T W Y L L G D H R E U P I E L L V C S C K F F
A M M U R R X P A O V E Y A A R R G F P G T T R Z
D G R Z G I Z W M N Y D B R S S X L U J Q L O C S
G X R S M O P P O E D I M E M S W L E B G H Y O J
Y H I A Q N U C K S J O K J A Q B Y G H Z D F E W
U L M C C V N S O T N E L A T E L O I V D Z D Q M
I V T S P I M N C I H A I S K Z Z F X O N P R E F
O U M Y D H A B O D G E X T O F V N Z D L T O A I
P A K T I M K S T A Q J Z L C L A I C F I Q A S S
C W A O U W A Z P D E D U V P Q C Q V R V Z Z L W
G O Y H F S H A R U L S E W U N I N M J E O R B O
```

125

1. Equivale a dar y recibir simultáneamente

   ___ ___ ___ ___ ___ ___ ___ ___ ___ ___ ___ ___

2. Es equivalente a reciprocidad

   ___ ___ ___ ___ ___ ___ ___ ___ ___ ___ ___ ___ ___ ___ ___

3. Lo soy, cuando practico la reciprocidad

   ___ ___ ___ ___ ___ ___ ___

4. Es enemigo de la reciprocidad

   ___ ___ ___ ___ ___ ___ ___

5. Se es cuando fingimos amistad por interés

   ___ ___ ___ ___ ___ ___ ___ ___ ___ ___

6. De ese modo soy recíproco con la naturaleza

   ___ ___ ___ ___ ___ ___ ___ ___ ___

7. Se fortalece con la reciprocidad y la honestidad

   ___ ___ ___ ___ ___ ___ ___

8. Es mi deber cuando no puedo corresponder los sentimientos

   ___ ___ ___ ___ ___ ___ ___ ___ ___ ___ ___

9. Es sinónimo de jugar limpio

   ___ ___ ___ ___ ___ ___ ___ ___ ___ ___

10. La merecen quienes ayudan a nuestro mejoramiento

    ___ ___ ___ ___ ___ ___ ___ ___

11. Es la forma de ser recíproco por mis talentos

    ___ ___ ___ ___ ___ ___

12. No deben ser objeto de orgullo, ni vanagloria

    ___ ___ ___ ___ ___ ___ ___ ___

13. Son equivalentes a potencialidades o talentos

    ___ ___ ___ ___ ___

14. Los dones o talentos nos fueron dados para cumplirla

    ___ ___ ___ ___ ___ ___

15. Son especialmente llamadas a practicar la reciprocidad
___ ___ ___ ___ ___ ___ ___

16. Debe practicar por lo menos respeto, ayuda mutua y comprensión
___ ___ ___ ___ ___ ___ ___

17. No debe ser tocado sin mi consentimiento
___ ___ ___ ___ ___ ___

18. Debo hacerlo cuando percibo mala intención
___ ___ ___ ___

19. Bien manejadas, son una gran oportunidad
___ ___ ___ ___ ___ ___

20. Manera de enfrentar la crisis
___ ___ ___ ___ ___ ___ ___ ___ ___ ___ ___

21. Son los más afectados en las crisis de la pareja
___ ___ ___ ___ ___

22. La época estudiantil es un intercambio de:
___ ___ ___ ___ ___ ___ ___ ___ ___ ___ ___ ___

23. Las experiencias estudiantiles permiten descubrir sensaciones:
___ ___ ___ ___ ___ ___

24. Sentir y emocionarse es normal y no es motivo de:
___ ___ ___ ___ ___ ___ ___ ___ ___

25. Debo controlar las emociones y los sentimientos sólo si los percibo:
___ ___ ___ ___ ___ ___ ___ ___ ___ ___ ___ ___ ___ ___

26. Las relaciones recíprocas deben darse en todos los campos de la:
___ ___ ___ ___

27. Los niños deben aprender la reciprocidad del:
___ ___ ___ ___ ___ ___ ___

28. La reciprocidad propicia, en las parejas, relaciones:

   __ __ __ __ __ __ __ __ __ __

29. Derecho en el que se sustenta la reciprocidad

   __ __ __ __ __ __ __ __

30. Recibir y no dar, es sinónimo de egoísmo y:

   __ __ __ __ __ __ __ __ __ __ __ __ __ __

31. Nombre de la compositora chilena de "Gracias a la vida"

   __ __ __ __ __ __ __

32. Nombre de una cantautora argentina

   __ __ __ __ __ __ __ __

33. Palabra que encabeza cada estrofa de la composición "Gracias a la vida"

   __ __ __ __ __ __ __

34. Letras y música son ejemplos de grandes talentos:

   __ __ __ __ __ __ __

3.13 Reflexión final

La siguiente composición "Gracias a la vida" es una creación de Violeta Parra, una importante cantante y folclorista chilena. Esta canción que se hizo muy conocida en Latinoamérica y el mundo, ha sido interpretada por la también famosa y talentosa cantante argentina Mercedes Sosa. La letra de la canción y las voces de ambas intérpretes son muestras de dones y talentos para la composición y el canto. El texto, por sí mismo, da cuenta del sentimiento de gratitud por los dones recibidos, invitando a la reflexión al respeto. Lee atentamente la letra y procura escucharla para que la disfrutes y medites sobre su contenido. Su mensaje es un ejemplo de un don que se ha puesto al servicio del crecimiento personal nuestro.

Rocío Cartagena Garcés

Gracias a la vida
(Violeta Parra)

Gracias a la vida que me ha dado tanto.
Me dio dos luceros que, cuando los abro,
perfecto distingo lo negro del blanco,
y en el alto cielo su fondo estrellado
y en las multitudes el hombre que yo amo.

Gracias a la vida que me ha dado tanto.
Me ha dado el oído que, en todo su ancho,
graba noche y día grillos y canarios;
martillos, turbinas, ladridos, chubascos,
y la voz tan tierna de mi bien amado

Gracias a la vida que me ha dado tanto.
Me ha dado el sonido y el abecedario,
con él las palabras que pienso y declaro:
madre, amigo, hermano, y luz alumbrando
la ruta del alma del que estoy amando.

Gracias a la vida que me ha dado tanto.
Me ha dado la marcha de mis pies cansados;
con ellos anduve ciudades y charcos,
playas y desiertos, montañas y llanos,
y la casa tuya, tu calle y tu patio.

Gracias a la vida que me ha dado tanto.
Me dio el corazón que agita su marco
cuando miro el fruto del cerebro humano;
cuando miro el bueno tan lejos del malo,
cuando miro el fondo de tus ojos claros.

Gracias a la vida que me ha dado tanto.
Me ha dado la risa y me ha dado el llanto.
Así yo distingo dicha de quebranto,
los dos materiales que forman mi canto,

y el canto de ustedes que es el mismo canto
y el canto de todos, que es mi propio canto.

Gracias a la vida que me ha dado tanto.

Cuida y guarda este taller porque te será útil para afianzar ideas en tu grado 4 y como material de consulta en otros momentos, especialmente en el grado 10.

El éxito depende de tu autoestima y motivación. Te deseo muchos, pero muchos éxitos en tu siguiente grado.

¡*Felicitaciones!*

Índice

Requerimientos para iniciar este taller   7

Justificación taller grado 3   13

Malla curricular   17

Logros   21

Metodología   25

Procedimiento   27

Evaluación   31

1. Mensajes a los estudiantes   35

    1.1 Carta a los estudiantes   37

    1.2 Mi quehacer como hijo, estudiante y ciudadano   45

2. Refuerzo taller n°. 2   49

3. Establezco relaciones de correspondencia   65

3.1 Qué entender por reciprocidad — 67

3.2 La reciprocidad es una puerta abierta al mundo — 73

3.3 Puedo transformar el mundo siendo recíproco — 81

3.4 La reciprocidad en la relación de pareja de mis padres — 89

3.5 Reciprocidad de sentimientos en familia — 93

3.6 La oportunidad implícita en las crisis familiares — 97

3.7 La reciprocidad en las actividades colectivas — 103

3.8 La reciprocidad entre personas de diferentes edades — 109

3.9 Identifico relaciones de reciprocidad en las historias humanas — 113

3.10 Debo ayudar a mejorar las relaciones de reciprocidad — 117

3.11 Reciprocidad versus Deshonestidad — 121

3.12 Evaluación del taller — 125

3.13 Reflexión final — 129

Editorial LibrosEnRed

LibrosEnRed es la Editorial Digital más completa en idioma español. Desde junio de 2000 trabajamos en la edición y venta de libros digitales e impresos bajo demanda.

Nuestra misión es facilitar a todos los autores la edición de sus obras y ofrecer a los lectores acceso rápido y económico a libros de todo tipo.

Editamos novelas, cuentos, poesías, tesis, investigaciones, manuales, monografías y toda variedad de contenidos. Brindamos la posibilidad de comercializar las obras desde Internet para millones de potenciales lectores. De este modo, intentamos fortalecer la difusión de los autores que escriben en español.

Ingrese a www.librosenred.com y conozca nuestro catálogo, compuesto por cientos de títulos clásicos y de autores contemporáneos.

www.ingramcontent.com/pod-product-compliance
Lightning Source LLC
Chambersburg PA
CBHW032053150426
43194CB00006B/514